WILLIAM McKINLEY
ET LA GUERRE HISPANO-AMÉRICAINE

—— Aux origines
de l'expansionnisme
américain

par Quentin Convard

50MINUTES

Avec la collaboration de Pierre Frankignoulle

WILLIAM MCKINLEY

CARTE D'IDENTITÉ

- **Naissance ?** Le 29 janvier 1843 à Niles (Ohio)
- **Mort ?** Le 14 septembre 1901 à Buffalo (New York)
- **Parti politique ?** Parti républicain
- **Dates des élections ?**
    - Le 4 mars 1897
    - Le 4 mars 1901
- **Durée des mandats ?** Quatre ans, six mois et dix jours
- **Apports majeurs ?**
    - Gains territoriaux (Guam, Porto Rico, Philippines)
    - Retour au monométallisme et à l'étalon or
    - Retour de la prospérité
    - Réaffirmation du pouvoir présidentiel

INTRODUCTION

William McKinley est le 25e président des États-Unis. Influent membre républicain de la Chambre des représentants pendant 14 ans, puis gouverneur de l'Ohio de 1892 à 1896, il commence sa présidence en 1897, alors que les États-Unis sont secoués par une grave crise économique. Sa carrière est marquée par des décisions concernant les droits de douane, qu'il souhaite élever pour soutenir les industries du pays, et le maintien de l'étalon-or à une époque où beaucoup défendent le bimétallisme. William McKinley s'affirme également comme un homme d'État volontaire grâce à sa politique extérieure qui rompt avec la période d'isolement qui avait cours jusqu'alors. Il est aussi le président qui fait prendre les armes aux Américains pour livrer bataille contre les Espagnols à Cuba et ainsi libérer l'île

du joug de la puissance ibérique. Grâce aux mesures qu'il met en place, il fait entrer le pays dans une nouvelle ère, celle de l'expansionnisme qui se mute chez ses héritiers en impérialisme. En 1900, la crise n'est plus qu'un malheureux souvenir et la guerre hispano-américaine est remportée. Sa réélection n'est donc qu'une formalité. Mais, le 6 septembre 1901, l'anarchiste Leon Czolgosz (1873-1901) tire deux balles de revolver dans l'abdomen de William McKinley, qui meurt de ses blessures quelques jours plus tard. Il est, après Abraham Lincoln (1809-1865) et James Abram Garfield (1831-1881), le troisième président américain à être assassiné.

BIOGRAPHIE

L'ENFANCE

William McKinley voit le jour le 29 janvier 1843 à Niles dans l'Ohio, au sein d'une famille pieuse méthodiste (mouvement religieux chrétien né au XVIIIe siècle), qui compte neuf enfants. Il évolue dans un milieu favorable à l'abolition de l'esclavage et au parti whig (parti de droite libérale). En 1852, sa famille déménage à Poland (Ohio), où son père gère une fonderie.

Sept ans plus tard, le jeune McKinley entre à l'Allegheny College de Meadville en Pennsylvanie, où il ne reste qu'un an en raison d'une santé fragile. Lorsque son état s'améliore, sa famille ne peut subvenir financièrement à ses études. Il doit donc se trouver un emploi et travaille brièvement comme employé des postes, puis comme enseignant jusqu'à ce que la guerre de Sécession éclate en 1861.

LA GUERRE DE SÉCESSION

Aussitôt, il se porte volontaire dans les troupes fédérées du 23e régiment d'infanterie de l'Ohio et s'habitue rapidement à la vie de soldat. C'est au cours de ce conflit qu'il se lie d'amitié avec Rutherford Birchard Hayes (1822-1893), futur 19e président des États-Unis, dont l'autorité et le commandement impressionnent le jeune homme. D'abord chargé de l'intendance, William McKinley est élevé, en 1862, au grade de sergent. Alors qu'il ne participe d'abord qu'à des combats de moindre importance, il est confronté le 14 septembre 1862 à la sanglante bataille de South Mountain, puis, trois jours plus tard, à celle d'Antietam, considérée comme l'une des plus

violentes du conflit, ôtant la vie à environ 23 000 hommes. William McKinley s'y fait remarquer par sa bravoure et est promu au grade de sous-lieutenant.

Au printemps 1864, il entre dans la vallée de Shenandoah (Virginie), secouée par de nombreuses batailles auxquelles il participe. Après l'assaut de Kernstown, le 24 juillet, l'armée nordiste est mise en déroute et William McKinley est promu capitaine. Il est ensuite transféré dans l'état-major du général George Crook (1828-1890). Lors de la bataille décisive de Cedar Creek, le 19 octobre 1864, il officie comme premier adjoint du général Samuel S. Carroll (1832-1893).

C'est également à cette époque qu'il vote pour la première fois, donnant sa voix au candidat républicain Abraham Lincoln. Juste avant la fin de la guerre, il est élevé au grade de major breveté, puis est rendu à la vie civile. Si les généraux qui l'ont eu sous leurs ordres le pressent de faire carrière dans l'armée, William McKinley préfère retourner dans l'Ohio mener une carrière de juriste.

LE DROIT ET LA POLITIQUE

En 1867, après deux ans d'étude à l'Albany Law School, il est admis au barreau de Warren dans l'Ohio et installe son étude à Canton, où il mène une paisible vie de notable. Il entre à cette époque en politique en soutenant son ami Rutherford Birchard Hayes, qui brigue le poste de gouverneur. Pour l'aider, William McKinley n'hésite pas à participer à sa campagne, devenant même un élément-clé de son équipe. L'ancien commandant est élu et, en 1869, William McKinley se présente sous la bannière républicaine au poste de procureur de district dans le comté de Stark, un bastion démocrate. À la surprise générale, il remporte l'élection mais il ne parvient pas à se faire réélire deux ans plus tard.

En parallèle de son ascension professionnelle, il rencontre, en 1867, Ida Saxton (1847-1907), la fille d'un important banquier de Canton, qu'il épouse quatre ans plus tard. Ensemble, ils ont deux filles, Kathrine et Ida, qui mourront à quelques années d'intervalle, plongeant leur mère dans une dépression.

En 1876, la carrière politique de William McKinley connaît de nouveaux succès grâce à un événement qui lui apporte une grande popularité dans le milieu ouvrier. Cette année-là, il assure la défense de mineurs de charbon arrêtés après des affrontements avec des briseurs de grève et obtient l'acquittement de tous ses clients, à l'exception d'un seul. Ce procès fait grand bruit et lui permet de rencontrer Marcus Hanna (1837-1904), propriétaire de la mine et homme d'affaires de Cleveland, qui deviendra par la suite l'un de ses principaux soutiens. Fort de sa popularité et de ses nouvelles relations, William McKinley est facilement élu à la Chambre des représentants, en 1877, cette même année qui voit l'élection de son ami Rutherford Birchard Hayes à la présidence des États-Unis.

DANS L'ARÈNE POLITIQUE

Comme membre du Congrès, il cherche à soutenir le développement industriel américain sur le marché intérieur et devient, de fait, un fervent défenseur des droits de douane protectionnistes. Si, en 1883, il se retire de la vie politique, il revient à Capitol Hill en 1885 et devient peu à peu une figure incontournable du Parti républicain. Son intelligence, son énergie et son charisme lui permettent de briguer le poste de président à la Chambre des représentants en 1889, mais il échoue. Il est toutefois nommé au prestigieux comité des voies et moyens de la Chambre dans lequel il propose le *Tariff Act* de 1890, plus connu sous le nom de *McKinley Tariff* : celui-ci impose plusieurs droits de douane protectionnistes sur les produits étrangers. Il quitte son poste en 1891 pour devenir l'année suivante gouverneur de l'Ohio.

Ce poste lui permet de cultiver un prestigieux carnet d'adresses et de se faire connaître de la population. Pourtant, malgré son ascension professionnelle, les finances du couple vont mal. En effet, au même titre que de nombreux Américains, William McKinley est frappé de plein fouet par la crise économique de 1893, ce qui le rapproche des citoyens. Cosignant les prêts d'un ami dont il ignorait la banqueroute, il perd une très grosse somme d'argent. Cela le pousse à envisager sa démission pour reprendre sa carrière de juriste afin de rembourser les dettes contractées par son ami. Il gage sa maison, mais ses proches constituent un fonds afin de l'aider. Grâce à cela, la dette est rapidement remboursée. Dès lors, les électeurs voient en lui un homme politique au visage humain, proche de leurs difficultés, et éprouvent une grande sympathie à son égard. William McKinley est donc facilement réélu à la fin de l'année 1893. Lors des élections de 1895, il ne se représente pas au poste de gouverneur, mais il réussit à faire élire un républicain, Asa Smith Bushnell (1834-1904). Sa succession assurée, celui que l'on surnomme l'« *Idol of Ohio* » peut maintenant viser la présidence des États-Unis.

L'ÂGE DORÉ

La carrière politique de William McKinley débute en 1867, alors que les États-Unis se relèvent du conflit qui a secoué le pays et que l'on entre dans une période économique faste, surnommée « l'âge doré ». Celle-ci est marquée par :

- l'industrialisation du pays. La production des États-Unis augmente considérablement entre 1860 et 1900, passant de 2 à 13 millions, tout comme la population active non agricole, qui passe de 4 à 18 millions. En 1890, les États-Unis produisent autant que la Grande-Bretagne, l'Allemagne et la France réunies ;
- le développement du système ferroviaire. Alors qu'en 1860, on compte 48 000 kilomètres de voies ferrées, à la fin du siècle, on atteint les 320 000 kilomètres ;
- l'accroissement prodigieux de la population lié en grande partie à l'immigration. En 1860, il y a 31,5 millions d'Américains contre 76 millions en 1900 ;
- l'urbanisation massive de la côte Est. En 1890, sept des cinquante plus grandes villes du monde appartiennent aux États-Unis.

C'est, plus généralement, une période de capitalisme sauvage où l'entrepreneur devient la figure centrale, au détriment du planteur. Le destin, la richesse et la puissance de nababs tels qu'Andrew Carnegie (industriel américain, 1835-1919), John Pierpont Morgan (financier américain, 1837-1913) ou John Davison Rockefeller (industriel américain, 1839-1937) séduisent et inspirent de nombreux Américains.

A contrario, la politique étrangère intéresse peu l'opinion publique. L'âge doré correspond à une période d'isolement. Ancienne colonie, les États-Unis répugnent et condamnent les politiques expansionnistes des pays européens. Fiers de leur système démocratique et persuadés de leur supériorité, les Américains ne voient tout simplement pas l'intérêt de quitter leur territoire et jugent complexe l'assimilation de contrées incompatibles avec leurs idéaux. De plus, l'acquisition de l'Alaska en 1867 pour sept millions d'euros à la Russie marque la fin de la domination continentale des États-Unis. Dès lors, tout agrandissement terrestre nécessiterait une conquête maritime.

Pour les Américains, l'aventure se résume donc aux défis de l'industrialisation et à la ruée vers l'or. Cependant les mentalités changent à partir des années 1890 avec la disparition de la Frontière. L'idée qu'une forme d'expansion est nécessaire à la survie de la nation s'immisce alors dans l'esprit américain, une opinion qui est renforcée par la crise économique de 1893-1895. Par conséquent, les efforts sont concentrés sur la marine de guerre qui s'accroît de manière significative : au 12e rang en 1883, elle passe au 6e en 1890, et s'assure deux bases navales à Pearl Harbor sur l'une des îles d'Hawaii et à Pago Pago sur l'archipel des Samoa (Océanie).

Bon à savoir

La Frontière est la ligne imaginaire qui délimite l'implantation des populations européennes parties à la conquête de l'Ouest. Elle est essentielle dans la conception qu'ont les Américains de leur territoire. Les colons, qui arrivent par l'Est, repoussent cette démarcation fictive. Au cours du XIXe siècle, les Américains vivent avec l'incertitude de l'étendue du continent, espérant que celui-ci aura toujours de nouveaux terrains à offrir, de nouvelles richesses à donner. L'annonce faite en 1890 par le Bureau du recensement de la fin de la Frontière est difficilement accueillie par la population américaine qui est confrontée pour la première fois à la connaissance de son territoire.

LA CRISE ÉCONOMIQUE DE 1893

La croissance économique des États-Unis n'est pas stable et connaît de courtes périodes de dépression, imprévisibles et souvent violentes. C'est notamment le cas avec les crises de 1873, 1883 et, surtout, celle de 1893, qui est marquée par l'effondrement du financement des chemins de fer. Cette année-là, le système ferroviaire arrive à saturation, plongeant de nombreuses entreprises, comme la *Philadelphia & Reading Railroad*, l'*Union Pacific Railroad* ou encore la *Northern Pacific Railway*, en faillite. Le chômage atteint d'ailleurs 17 % au plus fort de la crise. En outre, l'industrialisation et l'urbanisation sauvage rendent la vie des cités insupportables, là où la précarité et la misère deviennent la norme. Cela se matérialise par des conflits sociaux féroces et des grèves souvent réprimées dans le sang comme à Cœur d'Alene (Idaho) et à Homestead (Pennsylvanie) en 1892 ou encore à Chicago dans les usines *Pullman* en 1894.

La politique du président de l'époque, Stephen Grover Cleveland (1837-1908), ne parvient pas à enrayer la crise. Démocrate et conservateur convaincu, entouré dans son cabinet par de nombreux hommes d'affaires, il perd sa popularité au cours de son mandat. Selon lui, l'économie ne peut repartir que grâce à l'impulsion des meilleurs éléments de la société. Avec cette idée, le président montre qu'il ne tient pas compte des victimes de la dépression et qu'il tente par tous les moyens de conserver la confiance des banques et de l'industrie. Il voit d'ailleurs dans la contestation ouvrière un fléau qu'il faut éradiquer. Preuve en est l'épisode de la répression brutale de l'armée de chômeurs menée par Jacob Coxey (homme politique américain, 1854-1951) en 1894, qui marche vers Washington pour demander des comptes à l'administration démocrate. Toutefois, les décisions économiques prises pour enrayer la crise ne portent pas leurs fruits.

Le grand enjeu de ces années est celui de la monnaie. En effet, depuis le 1ᵉʳ juillet 1890, les réserves d'or officielles ont diminué de 132 millions de dollars, tandis que celles d'argent se sont accrues de 147 millions. Stephen Grover Cleveland doit donc annuler le *Sherman Silver Purchase Act* dont il est pourtant l'instigateur. Cette loi obligeait le gouvernement à acheter 4,5 millions d'once d'argent tous les mois et à donner en retour des billets échangeables contre de l'argent ou de l'or. Comme la plupart des investisseurs choisissaient l'or, cela a provoqué une forte diminution des réserves du gouvernement. Mais sa stratégie est un désastre et plombe encore plus l'économie américaine. La fuite des réserves d'or prend des proportions alarmantes et, dès 1894, le président doit recourir à deux emprunts successifs, dont le second exaspère la population américaine : le démocrate négocie avec les banquiers John Pierpont Morgan et Auguste Belmont Jr (1853-1924), remettant d'une certaine manière les clés de l'économie au monde des affaires.

LE MOUVEMENT POPULISTE

Dans les années 1890, la situation dans les campagnes n'est pas plus reluisante que celle dans les villes, et c'est dans les greniers de l'Amérique que naît un important mouvement de contestation : le mouvement populiste. L'extension des surfaces cultivées, l'amélioration de l'outillage, la concurrence, l'essor de la productivité et l'obligation de pratiquer la monoculture bouleversent les structures paysannes. Les *farmers* ne parviennent plus à rembourser les dettes contractées pour l'achat de terres et de nouvelles machines. Pourtant l'agriculture a, elle aussi, connu une croissance importante : entre 1860 et 1890, le nombre de fermes est multiplié par trois, provoquant la chute du prix de leur production (à titre d'exemple, le maïs perd 25 % de son prix en 20 ans). Pour faire face à la crise, les paysans s'unissent malgré leurs différends ethniques, religieux ou géographiques, et fondent le Parti populiste.

En 1892, le mouvement présente aux élections présidentielles un candidat qui recueille 8,5 % des suffrages et reçoit le soutien de 22 grands électeurs. Les partis traditionnels inspirent à cette époque une réelle méfiance et, pour survivre, ils scrutent avec attention les revendications du Parti populiste. Parmi celles-ci se trouvent la réforme du système bancaire, le maintien du bimétallisme et d'une monnaie faible qui avantage les débiteurs, la reprise des terres concédées aux compagnies ferroviaires, etc.

C'est la première fois depuis 1865 que républicains et démocrates sont forcés de cohabiter avec un adversaire aussi encombrant. En effet, depuis la fin de la guerre civile, la vie politique américaine se résume à un bipartisme dominé par les républicains, qui rassemblent à la fois les industriels de la côte Est, les fermiers du Middle West, les anciens combattants, les Noirs et de nombreux ouvriers, formant une certaine cohésion anarchique enviée par les démocrates. Ces derniers sont, quant à eux, divisés entre les Bourbons (frange du parti très libérale) et les Blancs du Sud d'un côté, et les ouvriers ainsi que les immigrants des grandes villes de l'autre. Mais, qu'ils soient représentants des intérêts ferroviaires et bancaires et donc peu favorables aux droits de douane comme les démocrates, ou plus protectionnistes car liés à l'industrie, comme les républicains, les leaders de ces partis sont souvent des hommes issus du même milieu, défendant de la même manière les plus puissants de la société, ce qui lasse les Américains. Toutefois, la campagne innovante de 1896 renouvelle l'intérêt de la population pour les élections nationales.

LA CAMPAGNE PRÉSIDENTIELLE DE 1896

C'est dans ce contexte tendu de crise et de conflits sociaux que William McKinley fait campagne en 1896. Face à lui, les démocrates choisissent comme candidat le jeune William Jennings Bryan (1860-1925), défenseur du monde agricole et du bimétallisme or-argent. Celui-ci dénonce les banquiers, se veut le protecteur de l'Américain moyen et tente de rallier à sa cause les salariés industriels, devenant ainsi le porte-parole de ceux que l'industrialisation inquiète. Sa manière de faire campagne, physique et innovante, préfigure les courses à l'investiture modernes. Il sillonne le pays pour rencontrer les Américains, parcourant plus de 30 000 kilomètres, prononce plus de 600 discours et rencontre près d'un million de citoyens à travers 27 États, alors que, jusqu'à présent, les candidats limitaient leurs trajets et leurs entretiens avec les électeurs.

BON À SAVOIR

Opposé au monométallisme, le bimétallisme est un système monétaire qui reconnaît deux monnaies gagées sur deux métaux, généralement l'or et l'argent. Après différentes tergiversations entre les deux systèmes, la plupart des pays s'engagent dans le monométallisme au début du XXᵉ siècle.

William McKinley, quant à lui, choisit une stratégie différente. Il confie la gestion de sa campagne à son ami Marcus Hanna qui pense le jeu politique à la manière du monde de l'entreprise, usant de la publicité et diffusant pas moins de 5 millions de tracts et de publications par semaine. Le candidat choisit de faire campagne de sa maison à Canton dans l'Ohio et voit plus de 750 000 citoyens se presser chez lui. Son électorat se compose de nombreux hommes d'affaires démocrates qui se sentent trahis et qui sont apeurés par les propositions de William Jennings Bryan, mais il échoue à rassembler son camp au-delà des populistes et des *farmers*. En effet, les partisans de l'or et les progressistes urbains lui tournent le dos, et sa foi évangéliste inquiète une autre partie de l'électorat. Cependant, la puissance financière de William McKinley et de Marcus Hanna s'avère être une arme aussi redoutable que celle des démocrates. Les frais de campagne des républicains s'élèvent en effet à sept millions de dollars contre les 600 000 dépensés par William Jennings Bryan.

Au terme du scrutin, William McKinley l'emporte face à son rival avec plus de sept millions de voix et le soutien de 271 grands électeurs.

UNE ÉCONOMIE À DYNAMISER

Durant la campagne, le démocrate fustige les liens que William McKinley entretient avec le monde des affaires. Cette critique est directement reprise par la presse qui n'hésite pas à produire des caricatures du candidat en petit garçon mené par la baguette de Marcus Hanna. Pourtant, même si, au même titre que ses prédécesseurs, William McKinley est soumis aux puissances économiques, il n'en critique pas moins les trusts qu'il juge être de dangereuses anomalies économiques mettant en danger le bien public.

L'enjeu de son mandat porte sur la question de la monnaie. William McKinley défend l'étalon-or et un bimétallisme à l'échelle internationale au contraire des démocrates qui restent très attachés à l'argent. Toutefois, maintenir le bimétallisme dans les échanges internationaux s'avère être un échec. Par conséquent, il abandonne la frappe de la monnaie en argent et maintient le pays dans le seul étalon-or, ce qui amène une certaine prospérité, faisant taire les critiques des défenseurs du bimétallisme. De plus la découverte d'or en Alaska et en Australie termine de convaincre les sceptiques et augmente la masse monétaire du pays. William McKinley doit cependant attendre le mois de mars 1900 pour faire voter le *Gold Standard Act*, qui adosse le dollar à l'or.

Grâce aux 14 années passées à la Chambre des représentants, William McKinley est devenu le spécialiste des questions douanières et monétaires du Parti républicain. En accord avec ses promesses de campagne, l'ancien gouverneur de l'Ohio cherche à augmenter les frais de douane sur les exportations étrangères et à diminuer les taxes sur le marché intérieur afin de mieux protéger l'industrie américaine et les ouvriers. C'est ce qui aboutit au *Dingley Tariff Act* de 1897, proposé par le représentant du Maine, Nelson Dingley (1832-1899), qui augmente les taxes de douane de 49 %.

LA GUERRE HISPANO-AMÉRICAINE

Les questions relatives à la monnaie sont vite éclipsées par la politique étrangère et par l'urgence du conflit opposant Cubains et Espagnols depuis 1895. À la fin du XIXe siècle, l'Espagne voit son pouvoir et son rayonnement mondial décliner, devenant progressivement une puissance fragile, soumise aux volontés d'indépendance de ses colonies. Beaucoup acquièrent d'ailleurs progressivement leur souveraineté, faisant naître des velléités de libération chez les peuples des autres pays dominés, dont Cuba. Déjà, entre 1868 et 1878, une guerre avait opposé les Cubains aux colons espagnols. À cette époque, le planteur Carlos Manuel de Céspedes (1819-1874) avait libéré ses esclaves afin de former une armée pour se libérer du joug espagnol et avait été rejoint par près d'une quarantaine d'autres planteurs, en vain.

En 1895 éclate une nouvelle révolte, plus violente cette fois, qui portera ses fruits. Un an auparavant, le *Wilson-Gorman Tariff Act* a fortement augmenté les taxes des importations de sucre provenant de Cuba vers les

États-Unis, rendant la situation économique de l'île difficile. La situation sociale ne faisant qu'empirer depuis des années, les Cubains décident de se soulever contre les Espagnols, mais le conflit s'envenime rapidement. D'un côté, les révoltés saccagent les biens de ceux qui continuent de soutenir l'Espagne ; de l'autre, le général espagnol Valériano Weyler (1838-1930) emprisonne les insurgés dans des camps de concentration.

L'administration McKinley songe à intervenir, mais l'opinion publique est partagée. Les cercles intellectuels et protestants se déclarent rapidement en faveur d'une opération, alors que les milieux économiques et financiers pensent que la participation du pays à la guerre risque de ralentir la reprise économique et d'affaiblir la stabilité monétaire. Si l'Américain de la fin du XIXe siècle affiche un nationalisme exacerbé, il reste relativement hostile à une politique expansionniste, sauf si on lui fournit une raison morale, ce dont se chargent des journaux comme *The World* et *The Journal*, qui parviennent à exciter la colère du peuple.

L'une des premières tensions entre l'Espagne et les États-Unis naît d'une lettre publiée contre son gré par l'ambassadeur espagnol, Enrique Dupuy de Lôme (1851-1904), le 9 février 1898, dans le *New York Journal*, dans laquelle le diplomate décrit le président William McKinley comme un homme d'État faible et couard. Cette provocation commence à attiser les tensions, mais c'est l'explosion du bâtiment marin l'*USS Maine* dans le port de La Havane, un accident faisant 260 morts, qui termine de convaincre le président d'engager les forces armées à Cuba. Il s'agirait pourtant d'une explosion de chaudière ou d'un incident dans la soute à munitions, mais, face à la couverture médiatique de l'accident par les journaux favorables à la guerre, la nation se sent agressée et a soif de vengeance.

La première réaction du président est de tenter, le 27 mars 1898, de conclure un armistice avec l'Espagne avec, comme principale revendication, l'indépendance de Cuba. Mais les Espagnols déclinent la proposition américaine, rendant la confrontation inévitable. Alors, le 11 avril 1898, William McKinley, sûr de la légitimité de son pays pour intervenir, informe le Congrès qu'il souhaite envoyer des forces armées afin de libérer Cuba, ce qui est accepté le 19 avril 1898. William McKinley appelle alors 125 000 volontaires le 23 avril, deux jours après que la flotte américaine a procédé au blocus de l'île. Le lendemain, l'Espagne déclare la guerre aux États-Unis.

La guerre hispano-américaine dure trois mois, pendant lesquels les forces américaines parviennent à défaire les forces hispaniques. Le 12 août, les Espagnols acceptent un cessez-le-feu, mettant fin au conflit.

L'EXPANSIONNISME AMÉRICAIN

Aux Philippines se jouent d'autres événements qui transforment la guerre contre l'Espagne en une croisade coloniale. Le 1er mai 1898, l'amiral américain George Dewey (1837-1917), à la tête de sept navires, détruit la flotte espagnole dans le port de Manille. La guerre terminée, le milieu des affaires s'intéresse aux annexions possibles des régions délivrées. Les Philippines apparaissent en effet comme un eldorado et une plaque tournante du commerce avec la Chine, mais les États-Unis sont divisés sur la question de l'annexion de ces nouveaux territoires. Une ligue anti-impérialisme voit même le jour et fustige la politique expansionniste du président républicain. À ses yeux, l'absorption de ces territoires est incompatible avec les principes constitutionnels, moraux et politiques des États-Unis. Mais William McKinley tranche la question et achète pour 20 millions de dollars les Philippines à l'Espagne, qui lui cède à titre d'indemnité Porto Rico et l'île de Guam. Cuba est, quant à elle, reconnue indépendante.

Preuve d'un changement de mentalité, les États-Unis acquièrent également Hawaii en juillet 1898. En 1867, l'ancien secrétaire d'État américain, William Henry Seward (1801-1872), avait tenté l'annexion de cette île, mais le Congrès l'avait refusée. William McKinley, qui a perçu une évolution des esprits dans le milieu des affaires, devient le précurseur de l'impérialisme américain. Il comprend que l'État doit développer une politique étrangère favorable à l'exportation des produits et des investissements.

Alors que, dès le début de son mandat, William McKinley demande au Congrès de mettre en place une commission évaluant les opportunités commerciales en Asie et en Chine, les nouvelles acquisitions faites dans le Pacifique facilitent les échanges avec cette dernière. Il rompt donc avec la politique isolationniste des pères fondateurs qui prédominait chez ses prédécesseurs et devient le premier président internationaliste. Cette entrée fracassante et rapide sur la scène mondiale permet à William McKinley de réaffirmer le rôle du président auprès du Congrès.

LA RÉAFFIRMATION DU POUVOIR PRÉSIDENTIEL

De William Henry Harrison (1773-1841) à Ulysses Simpson Grant (1822-1885), aucune figure politique emblématique ne se dégage et l'image présidentielle s'en voit affaiblie aux yeux du peuple. Mais la conception du rôle présidentiel de William McKinley diffère de celle de ses prédécesseurs républicains. Pour mieux se faire connaître des Américains, il utilise deux tactiques. La première consiste à limiter le pouvoir du Congrès en étant très présent sur les questions de politique intérieure. Il influence dès lors le programme législatif en proposant des lois par l'intermédiaire de congressistes alliés et s'appuie sur son vice-président Garret Hobart (1844-1899), très influent au Congrès. La seconde repose sur l'utilisation de la presse afin d'attirer l'attention médiatique sur la Maison-Blanche plutôt que sur le Congrès et au passage contrôler l'information. Conscient du nouveau pouvoir que la presse est en train de créer, il met une pièce à disposition des journalistes à la Maison-Blanche où, chaque jour, son secrétaire organise un briefing.

William McKinley n'hésite pas non plus à ne pas suivre les décisions prises par le Congrès quant aux questions militaires. Le président innove ainsi dans sa manière de gérer l'armée et envoie des troupes sans en référer au Congrès lorsqu'il le juge nécessaire, ce qui lui est dûment reproché pas les congressistes démocrates. Cela lui permet néanmoins d'asseoir son autorité et de passer pour un chef d'État ferme et décidé.

LES DROITS DES NOIRS AMÉRICAINS

Issu d'une famille favorable à l'abolition de l'esclavage et ancien combattant des forces fédérées, William McKinley représente pour beaucoup de Noirs américains celui qui accélère l'avancée des droits civiques. Mais, cela ne se produite guère. Alors qu'en tant que gouverneur, il avait condamné publiquement la pratique du lynchage, une fois président, sa politique concernant les droits des populations noires apparaît très faible. Même s'il nomme une trentaine d'Afro-Américains à des postes importants, cela reste beaucoup moins important que ce qu'avaient fait les présidents républicains avant lui.

LA CAMPAGNE ÉLECTORALE DE 1900

Après quatre ans à la Maison-Blanche, la popularité de William McKinley est à son apogée grâce aux décisions qu'il a prises lors de la guerre hispano-américaine et au retour de la prospérité. La réélection apparaît dès lors comme une formalité. Suite au décès de son vice-président, William McKinley choisit à la convention de Philadelphie comme colistier Theodore Roosevelt (1858-1919), le gouverneur de New York et héros de la guerre contre l'Espagne.

Contre lui, on retrouve William Jennings Bryan qui propose à nouveau une politique en faveur du bimétallisme, mais cette proposition apparaît anachronique. L'or fonctionne et les questions monétaires sont, depuis le retour d'une économie florissante, oubliées par les Américains. Par ailleurs, il stigmatise également la politique expansionniste de William McKinley, mais cette question n'intéresse pas non plus les Américains, l'expansionnisme étant entré dans leurs mœurs. Par conséquent, William McKinley est réélu avec la majorité la plus importante depuis la guerre de Sécession et comptabilise 292 grands électeurs contre 155. Il arrive même en tête dans le Nebraska dont William Jennings Bryan est le représentant.

L'ASSASSINAT DU PRÉSIDENT

Une fois réélu, William McKinley entreprend avec sa femme, Ida, un périple en train de six semaines dans le pays. Le 6 septembre, alors qu'il donne un discours à l'exposition pan-américaine à Buffalo, l'anarchiste Leon Czolgosz lui tire dessus à deux reprises. L'un des projectiles est dévié par un bouton et l'érafle seulement, mais le second endommage l'estomac, le pancréas et un rein. Le tireur est directement arrêté : il est condamné à la chaise élec-trique et exécuté le 29 octobre 1901.

Dans les jours qui suivent l'attentat, la santé de William McKinley s'améliore, mais le 12 septembre, l'état du républicain se dégrade brusquement. Le 14 septembre, William McKinley meurt de la gan-grène provoquée par sa blessure.

Prévenu par télégramme le 12 septembre de la santé déclinante du président, Theodore Roosevelt, qui se trouve alors sur le Mont Marcy (État de New York), rejoint Buffalo deux jours plus tard et prête serment à la mort de William McKinley, devenant à 42 ans le plus jeune président des États-Unis.

UN PRÉSIDENT OUBLIÉ

William McKinley peut être considéré comme le grand oublié de l'histoire des chefs d'État américains. Il est, certes, le président le plus populaire au moment de son assassinat, mais la présidence flamboyante et énergique de Theodore Roosevelt occulte son mandat. Ignoré aujourd'hui encore par les Américains et dénigré par l'opinion populaire après la présidence de son successeur, le mandat de l'ancien gouverneur de l'Ohio est parfois considéré comme un simple prélude à l'évolution qu'ont connue les États-Unis au début du XXe siècle. Toutefois, à partir des années cinquante, les historiens réhabilitent la figure de William McKinley. Mais l'image qu'il renvoie est celle d'un président dont les actions, bien qu'importantes, ont surtout été guidées par les milieux d'affaires. William McKinley aurait, en somme, subi la transformation du pays au lieu de la mener personnellement. Pourtant, il est beaucoup plus que cela et son action perdure jusqu'à la Première Guerre mondiale (1914-1918). Il est le témoin autant que l'instigateur de la politique expansionniste américaine, le président qui dirige les États-Unis à ce moment charnière de l'histoire entre isolement et expansion et celui qui amorce la politique impérialiste américaine du XXe siècle. Pour résumer, William McKinley marque son temps et inaugure une nouvelle ère pour son pays, mais aussi pour son parti.

UN PARTI RÉPUBLICAIN CONSOLIDÉ

L'une des plus grandes réussites de William McKinley est d'avoir consolidé le Parti républicain et de l'avoir stabilisé au pouvoir pendant les 30 années qui suivent. Encore soumis aux aléas du monde des affaires et sans ligne directrice affirmée, le Parti républicain mute et se renforce sous l'administration William McKinley. Preuve en est, la plupart de ses hommes jouent ensuite un rôle majeur à la tête des institutions. Ainsi, George Bruce Cortelyou (1862-1940), son ancien secrétaire particulier, occupe les postes de secrétaire au Commerce et au Trésor et de chef du service postal des États-Unis dans les cabinets de Theodore Roosevelt et de Charles Dawes (homme politique américain, 1865-1951) ; son ami William Rufus Day (1849-1923) est nommé à la Cour suprême et William Howard Taft (1857-1930), nommé par William McKinley gouverneur général des Philippines, succède à Theodore Roosevelt en tant que 27e président.

UNE NOUVELLE MANIÈRE DE GOUVERNER

Sa manière de gouverner inspire les chefs d'État qui lui succèdent, à commencer par le populaire Theodore Roosevelt dont les deux mandats sont empreints de la vision politique de William McKinley. Pour affirmer le pouvoir présidentiel face au Congrès, celui-ci use des mêmes manœuvres en consolidant son image auprès du peuple. Présent sur les sujets économiques intérieurs, Theodore Roosevelt légifère sur les questions de taxe en faisant voter des mesures sanitaires sur les aliments ou en régulant les tarifs des chemins de fer afin de mieux protéger le consommateur. Mais c'est surtout sur la scène internationale qu'il prolonge la révolution enclenchée par William McKinley. Il est en effet un internationaliste qui laisse peu de place au Congrès. Il favorise le développement des forces militaires, en particulier celles de la flotte, et continue la politique de la porte ouverte.

Reprenant les pratiques de son prédécesseur concernant la presse, Theodore Roosevelt cherche à plaire à l'opinion publique et à donner l'image d'un président moderne et efficace. Son secrétaire personnel devient son secrétaire de presse et, grande nouveauté, il laisse échapper des informations concernant sa vie privée et ses enfants.

Il s'adresse régulièrement à la nation, faisant pression sur les législateurs récalcitrants à sa politique, et use de la publicité au même titre que William McKinley et Marcus Hanna. William McKinley et Theodore Roosevelt sont donc les deux premiers chefs d'État qui inaugurent la présidence rhétorique, celle qui use des médias pour affirmer, face au Congrès, le rôle du président auprès de l'opinion.

Au final, William McKinley se révèle être un président volontaire et fidèle à ses principes politiques. Par sa stratégie monétaire et douanière, il est le président qui fait repartir l'économie américaine et éclipse le mandat de son prédécesseur démocrate, Stephen Grover Cleveland. Enfin, son apport est aussi spatial. Avec la guerre hispano-américaine, il agrandit le territoire américain. Mais, au-delà de ces annexions, William McKinley impose – brusquement, diront ses détracteurs – les États-Unis sur la scène mondiale.

29 janv. 1843	Naissance de William McKinley
1861-1865	Guerre de Sécession
1890	*McKinley Tariff*
1893	Krach financier
4 mars 1897	Investiture de William McKinley
24 juil. 1897	*Dingley Tariff Act*
Avril-août 1898	Guerre hispano-américaine ; annexion de Hawaii et des Philippines
Mars 1900	*Gold Standard Act*
4 mars 1901	Seconde investiture de William McKinley
14 sept. 1901	Mort de William McKinley ; présidence de Theodore Roosevelt

- Né en 1843, c'est dans l'Ohio que William McKinley se fait connaître et se construit comme personnage politique et public au poste de juriste, membre du Congrès, puis gouverneur.

- Lorsque la guerre de Sécession éclate, William McKinley se porte volontaire et intègre les troupes fédérées. Il gravit la hiérarchie militaire et parvient peu à peu à affirmer son leadership. C'est aussi lors de cet événement qu'il rencontre Rutherford Birchard Hayes, qui l'inspire et le guide dans sa carrière politique.

- Jouissant d'une grande notoriété, William McKinley décide de se présenter aux élections de 1896. Au cours de sa campagne, il utilise la publicité, suivant en cela les conseils de son ami Marcus Hanna. Il est finalement élu avec plus de sept millions de voix en sa faveur et reçoit le soutien de 271 grands électeurs.

- Durant toute sa carrière politique, William McKinley se présente comme un fervent défenseur des taxes douanières, qu'il juge nécessaires à la protection des industries américaines. À chacun de ses postes, il légifère dans ce sens et parvient même à faire voter en 1890 le *McKinley Tariff*.

- Il est également le président qui met fin au bimétallisme afin de restaurer l'économie du pays et choisit d'adosser le dollar à l'or plutôt qu'à l'argent.

- Suite aux violences perpétrées par les Espagnols aux Cubains qui désirent obtenir leur indépendance, William McKinley décide de participer au conflit après la destruction d'un navire américain, faisant par là même entrer le pays dans une nouvelle ère, celle de l'expansionnisme et de l'impérialisme.

- Par différentes mesures, William McKinley redonne une aura à la posture présidentielle et réaffirme son rôle face au Congrès, ce qui inspire ses successeurs républicains.

- Le 6 septembre 1901, il est gravement blessé suite aux tirs de l'anarchiste Leon Czolgosz, alors qu'il faisait un discours dans un musée. Il s'éteint le 14 septembre des suites de ses blessures, bouleversant l'Amérique entière.

BIBLIOGRAPHIE

SOURCES BIBLIOGRAPHIQUES

- « American President : William McKinley (1843-1901) », in *Miller Center*, consulté le 1er mars 2014. http://millercenter.org/president/mckinley
- Caruth (Gordon), *The Encycopedia of American Facts and Dates*, New York, Harper Collins, 1993.
- Kaspi (André), *Les Américains. Naissance et essor des États-Unis. 1607-1945*, Paris, Seuil, 1986.
- Melandri (Pierre), *Histoire des États-Unis. L'ascension. 1865-1974*, Paris, Perrin, coll. « Tempus », 2013.

SOURCES COMPLÉMENTAIRES

- Glad (Paul), *McKinley, Bryan and the People*, Philadelphie, J. B. Lippincott, 1964.
- Gould (Lewis L.), *The Presidency of William McKinley*, Texas, Regents press of Texas, 1981.
- Kaspi (André) et Harter (Hélène), *Les présidents américains*, Paris, Tallandier, 2012.
- Morgan (Howard Wayne), *From Hayes to McKinley. National Party Politics. 1877-1896*, New York, Syracuse university press, 1969.
- Robert (Frédéric), *L'histoire américaine à travers les présidents américains et leurs discours d'investiture. 1789-2001*, Paris, Ellipses, 2001.

www.50minutes.com

Éditeur responsable : Lemaitre Publishing
Rue Lemaitre 6 | BE-5000 Namur
info@lemaitre-editions.com

ISBN ebook : 978-2-8062-5449-8
ISBN papier : 978-2-8062-5628-7
Dépôt légal : D/2014/12603/50
Photo de couverture : réputée libre de droit.

Conception numérique : Primento,
le partenaire numérique des éditeurs